모든 순간의 너에게

To you in every moment

내 여행엔 언제나 비가 따라왔고,
나는 우중충한 하늘이 싫지 않았다.

Portugal, Lisboa 2015

그 어떤 순간의 감정을 움켜쥐었다. 지금은 두서없고 희미해진 그 순간들이 당신을 흔들지도 모른다는, 그런 상상을 한다.

어딘가에서 문득 떠오른 생각엔 당신도 있었고, 오롯이 나만 존재하기도 했다. 이런 얘길하면, 당신이 그날 밤 쉽게 잠들지 못했으면 좋겠다.

Finland, Lapland 2014

종이 위의 이야기들

○

모든 순간의 너에게

어른의 순간 10

오해해도 괜찮은 12

모서리 14

모든 순간의 너에게 16

감정의 찌꺼기 20

그냥은 싫어 24

열심히 살지 말 것 26

목욕 30

세상에 같은 단어는 없다 34

길에 시간을 내어주는 일 36

해지는 일 40

청춘이 시킨 일 44

○

우리는 다만 늘 처음인 것뿐이다

언젠간 마르겠지 48

기억 조각 52

바람이 부는 이유 58
위로 받을 수 있다면 좋은 일이다 62
너를 위하여, 라는 이유로 66
슬픈 노래를 트네 68
너라는 해로움 70
마침 아플 때에 72
우리는 다만 늘 처음인 것뿐이다 76

○

봄이 곁에 있을 때

운명이 있다면 80
참 좋다 86
두근거리는 이유 90
둘 92
나는 너의 것 96
내가 너를 사랑하는 법 98
거리의 문제 102
봄이 곁에 있을 때 104

나가며 110

"

우연에 무뎌지는 일은 슬프다.
너를 당연하게 여기고 어느 순간
너를 다 안다고 생각해버리는 일이 그렇다.

모든 순간의 너에게

어른의 순간

Estonia 2014

아마도, 빨강과 붉음을 구분하는 일이 어른스러워지는 일 아닌가 싶었다. 빨간색과 붉은색이라는 단어의 채도 차이가 눈에 선명해지면서부터. 둘 사이의 미묘한 긴장감을 느낄 수 있게 된 나는, 어렴풋이 당신과 나를 둘러싼 우주를 이해할 수 있게 되었는지도 모르겠다.

오해해도 괜찮은

Sicily, Palermo 2016

오해에 마음 쓰지 않는 법을 배운다. 구구절절한 말들과 입술을 깨무는 버릇에서 벗어나는 길이 있다. 당신이 나를 오해해도 괜찮다. 우리의 오해는 나의 잘못도 당신의 잘못도 아니다. 내 눈에 가장 선명했던 모습조차 오해였을뿐. 너는 그저 그대로의 나를 인정해주거나 지나쳐버리면 된다. 나는 그저 나를 사랑하면 될뿐, 우리가 고쳐야 할 것은 없다. 모두 오해일뿐.

모서리

나는 모서리가 없는 사람은 믿지 않는다. 날카로운 부분 하나 없는 사람은 도저히 좋아하지 못하겠다. 의심 많고 모난 성격을 타고나서인지, 둥글둥글 착하기만 한 사람을 보면 혼란스러워져버려서는. 나조차도 겁나는, 깊숙한 내면의 나를 꺼내 보이는 일이 돌이킬 수 없는 실수라고 해도 당신을 당신이게 만드는 모서리를 보여주면 좋겠다. 그때 특별한 당신의 냄새가 대기를 타고 흘러 주변을 감싸고 비로소 나에 닿아 우리가 함께 새로운 세계 속으로 들어가게 될 테니. 모서리를 보여줘, 당신의.

모든 순간의 너에게

새벽, 야간버스를 타고 도착한 리스본에 내렸을 때 도시는 막 깨어나고 있었다. 하루 장사를 준비하는, 일을 시작하는 사람들과 천천히 도시를 데우는 햇살. 겨울이 우기라 촉촉하게 젖어있던 도시는 눈부시게 빛났다. 시간과 비용을 아끼려 타던 야간버스는 우연치 않게 여행에서 최고의 선택이 됐다.

무자비하게 밤을 가르며 덜컹거리던 버스. 그 안에서 자다 깨다를 반복하다 아침에 눈을 뜨면 완전히 다른 도시에, 다른 나라에 도착해 있던, 그때의 기분. 야간버스의 낭만보다 나를 행복하게 했던 기대감은 한치 앞도 보이지 않는 새벽안개에 휘감겨 있던 겨울 새벽의 그 단스크나, 막 잠에서 깨어나 햇살에 젖은 몸을 말리던 리스본의 아침 같은 생소함이었다.

한껏 꾸미기 전, 날 것 그대로의 도시는 내가 상상했던 사진 속 모습과 달랐다. 일상을 살아가는 사람들만 움직이는 도시가 아니라 이곳 사람들에도 익숙하지 않을 차가운 새벽에서 마치 내가 그 일부가 된 것만 같아 설렜다. 나와 도시 사이에 거칠 것 하나 없어 좋았던, 다른 시간의 그를 보는 일은 우리의 거리를 좁혔다.

내가 알던 그들은 활기찬 낮이고 은은하게 빛나 유혹하는 밤이다. 언젠가 새벽에 마주친 그는 잠에 취해 무방비한 상태였다. 모든 공간이 다르듯 시간도 그랬다. 온전히 '너를 안다'하려면 꼭 함께 해야 하는 순간들이 있다. 안개 자욱한 그의 새벽엔 습기를 머금은 나무 밑에만 비가 왔다. 신비롭기만 하던, 그 속에 존재함이 기뻤던 순간처럼.

예기치 않게 마주치는 모든 일들에 의미를 부여하겠다. 우연에 무뎌지는 일은 슬프다. 너를 당연하게 여기고 어느 순간 너를 다 안다고 생각해버리는 일이 그렇다. 너는 매 순간 다르다. 우리가 끝없이 설레는 일이, 서로에 익숙해지지 않는 것이 나에겐 중요하다.

Portugal, Lisboa 2015

감정의 찌꺼기

차마 버려달라는 말을 못해 카드와 함께 받은 영수증을 가방에 넣어놓곤 까먹는 일. 쓰레기통을 못 찾곤 가방이 더러워질세라 조심스레 집어넣은 과자껍데기를 결국 집까지 가져오는 일. 길을 걷다 미안해서 받아버린 전단지 한 장 때문에 거리의 끝에서 일곱 장이 되어버린 전단지로 네모를 접고 있는 사람의 심리를 분석하며 무슨 결과가 나올까.

가끔 내 기억의 일부라도 되는 것처럼 지갑 속에 고이 넣어놓곤 버리지도 못하는 각종 입장권이나 영화표 같은 것들을 볼 때 생각한다. 어디에도 쓸 수 없을 이들을 버리지도 않고 왠지 챙기는 마음은 뭘까. 챙겨야 할 이유도 없으면서 버릴 자신도 없이 품고 가는 그런 감정의 찌꺼기들. 뭐 하나 쉽게 덜어내지 못한 지난 기억들은 스스로를 과거에 몇 년이고 묶어두는 지난한 인생의 발현쯤 되는 걸까.

의미 없는 숫자와 글자들이 두서없이 박혀있는 종이 같은 게 내 인생인가 싶을 때가 있다. 연필로 쓰면 지우개로, 펜으로 쓰면 화이트로 지우는 그런 깔끔하고 쿨한 거 말고. "아"하는 작은 탄성을 내곤 잠시 망설이다가 그저 두 줄로 죽죽 긋고 바로 옆에 다시 써버려 지저분해진 시간을 찝찝한 마음으로 안고 가는 습성. 그어진 두 줄 사이로 쉽게 읽히는 잘못 쓰인 것들은 흐름을 해치고 불쑥불쑥 눈에 들어온다. 어느새 종이 한바닥에서 가장 신경 쓰이고 중요한 부분이 되어버린다.

너도나도 앓는다는 결정 장애가 이런 걸까. 버린다는 일은 책임감을 요하고, 결정한다는 건 온전히 내 탓이라는 뜻이다. 버리고 나면 돌이킬 수 없지만 판단을 보류하면 내내 질질 끌고 가게 될지라도 책임의 무게는 지지 않아도 되니까. "나 결정 장애야." 말해 결정 내리는 것만은 피하고 싶은 마음. 결말을 마주하는 것만은 하고 싶지 않다는. 시간이 갈수록 무게를 감당할 능력은 사라져간다.

온 몸으로 부딪히는 법을 잊고,
그래서 이렇게 종이 한 장 버리는 일이 어려운 걸까.

그냥은 싫어

그냥이라는 말에는 불편함이 있었다. 특별함을 아무렇지도 않게 그냥을 만들어버려 싫었다. 그냥이라는 말을 쓰는 내가 싫었다. 지금 이 순간을 무의미하게 만들어 버리던 그 무심함이. 단어 하나에 모든 게 너무 쉬워졌다. 나는 진지하고 어렵고 싶어, 모든 순간의 감정을 날카롭게 느끼고 싶어. 내가 감당할 시간과 관계의 몫이 대수롭지 않은 것은 아니길 바라는 마음이야.

내 삶 그리고 너, 그 어떤 부분도 그냥이라는 라벨을
붙이는 대신 마음을 다 할 수 있기를.

열심히 살지 말 것

울 엄마가 그랬다.
"너무 열심히 살려고 애쓰지 마."

누구보다 열심히 사는 편이었냐 하면 "글쎄"하곤 말꼬릴 흐릴 수밖에. 나는 긍정적인 것은 소모적이라 생각하는, 그래서 어느 쪽인지 고르라면 부정적인 사람이다. 부정적이라는 말을 나쁨이라고 생각하지 않아 더욱 그랬다. 긍정이 좋음 그 자체가 아니듯, 흑과 백을 정확하게 둘로 나눌 수 없게 하는 회색이 있듯 그 안의 어디쯤에 존재하고 있었다. 동전의 양면처럼 영영 만날 수 없는 긍정과 부정이 아니었다.

밝음과 어둠의 관계에 대입하라면 부정적인 나를 어둠에 놓는다. 부정적인 마음은 멜랑꼴리하여 자조적이다. 하지만 그가 항상 긍정적이라면 쉽게 지쳐버릴 뿐. 부정성은 자기만족에 스스로 파고들게 할뿐이지만 긍정성은 항상 소모적이었다. 부정적인 마음에는 선택권이 있어 고개를 저을 수도 있게 하지만 긍정적인 나는 쉴 새 없이 고개를 끄덕이며 모든 것을 받아들일 준비를 한다.

나는 단지 모든 것에 착해 주고 싶지 않았다.

빛을 따라가고 싶다. 내 속에 침잠하다 보면 꼭 빠져나올 수 없을 것만 같아 두려웠다. 긍정은 스스로를 태워 빛을 냈고 소모적이지만 분명 아름다웠다. 하지만 사실 나는 가끔 슬퍼도 괜찮고 멍청해도 즐거우며 되는 일이 없는 가운데 구름처럼 잘 흘러간다.

나는 가끔 어두움 가운데 빛을 놓치지 않으려 괴롭다. 긍정적인 나의 마음은 뿌듯하고 기분이 좋지만 곧 나를 몰아세웠다. 그날도 여느 때처럼 그런 자연스러운 과정 속에 멍청한 표정으로 괴로워하고 있었다. 엄마는 무심하게 "너무 열심히 살려고 애쓰지 마"했다. 나는 다시 한 번 말해달라는 눈으로 엄마를 바라봤고, 그녀는 이제 몇 십 년을 일하고 살텐데 일찍부터 고생해서 뭐해, 너답게 살아 왜 남들을 따라가려 해, 하고 나의 짐을 덜었다.

열심히 살려고 애쓰지 않아도 된다. 엄마가 허락해줘

서 그런 것은 아니다. 열심히 살지 않는 것이 열과 성 없이 사는 것은 아니라 믿는다. 노력의 가치를 깎아내리는 것도 아니다. 단지 이유도 없이 아등바등 살지 말라는 말이다. 행복을 스스로 결정할 수 있는 사람이 되려고 아등바등 해야 할 뿐. 누군가 정해놓은 기준 속엔 행복이 없다. 우리는 다만 안심할 뿐. 그의 불행도 나의 행복도 없다.

무엇보다, 사실 열심히 살지 않아도 된다는 말은 적어도 자신만큼은 소모하지 말라는 뜻이다. 언제나 긍정적이고 행복하기 위해 당신을 몰아치지 않아도, 슬픔과 아픔을 밀어내지 않아도 여전히 그 자체로 가치 있는 이.

목욕

Italia, Siracus 2016

목욕탕에 가서 몸을 씻고 때를 밀어내는 일이 한참 묵은 일의 마무리나 새로운 시작이 되듯이, 마침표나 시작의 들여 쓰기가 되듯이. 무너져 내릴 것 같던 관계들과 지지부진한 인생에서 도망치고 싶었던 나는 이 걸음이 끝나면 가벼워져 있길 바랐다. 발걸음 따라 가벼워지길 바랐던 배낭은 물 한 병에도, 길거리 좌판에서도, 심지어는 흐린 날의 바닷가 공기에마저 무거워졌다. 시간은 쌓이고 나는 그걸 감당할 자신이 없는데 그게 마치 내 능력이라도 되는 것처럼 여겨지는 일은 어떻게 안아 들어야 할까. 나는 위태롭다. 현실에서 멀리 떨어져 있어도 들고 온 가방을 뒤적거리는 일만으로 나는 무너져 내린다. 내일을 생각하는 것만으로 나는 손톱을 물어뜯었다. 어느덧 내일의 두려움만 강박처럼 되뇌다 밤새 뒤척거리기 시작한 지 오래였다.

아무리 걸어도 처음 보는 길뿐, 마음 쓸 곳도 마음 줄 곳도 없는 공간에 도착한 나는 손톱도 가지런해졌고 침대에 누우면 금세 잠들었다. 현실을 잠시 마주하는 것만으로도 나는 뜨거운 냄비를 만진 것처럼 놀라 두 손을 귓불에 대고는 거칠어진 숨을 내쉬었다. 나는 나약했고, 견딜 수 없는 시간이 많아졌다. 공허함이 마음을 채워 씩씩한 척 불안함에서 도망쳤다. 더 이상 순간순간 들이닥치던 현실을 감당할 힘이 없어 용기 있는 척 현실을 끊어냈다.

늘어붙은 스티커를 떼어내고, 남은 자국을 손톱으로 긁어내듯이 여태 엉성하게 땜질해온 것들을 깨끗하게 뜯어낼 수 있으면 좋겠다. 당신의 등에 대고 솔

직하게 나의 약한 모습을 다 말해주고 싶다. 그러면 나는 같잖은 자존심이나 부끄러움에서 벗어날 수 있지 않을까.

세상에 같은 단어는 없다

영화 비포선라이즈 속 거리의 시인에게 늘 같은 단어만을 계속해서 제시한다고 해도 그는 매번 다른 시를 내놓을 것이다. 시공간의 차이가 만들어내는 글의 이미지라던가, 오늘의 기분에 단어가 미치는 영향이 있어 그의 말은 늘 다를 것이다. 그런 미세한 차이를 찾아내는 게 중요한 것 아닐까. 아무리 발버둥을 쳐도 이도 저도 아닌듯한 인생들 사이에서 나를 찾는 방식이 그래야하는 것 아닐까. '그게 그거'라는 말로 일축하지 않고, 감각을 아주 귀찮게 굴어야만 비로소 느껴지는 오늘과 내일의 차이. 비슷비슷한 것들

Italia, Napoli 2016

사이에서 유의미한 차이를 찾아내는 일이 삶의 가치가 되어준다면 단어 하나하나가 지닌 유일무이한 지점을 느껴내는 것도 그 일부인데.

길에 시간을 내어주는 일

작은 배낭 하나 매고 한 달을 넘게 걸었다. 걷고 또 걸었다. 다시는 그 길을 못 걸을 것처럼. 다신 못 걸을 것 같던 그 길 위에 다시 섰을 때 조금은 그럴듯한 가방을 매고, 대신 더 긴 시간을 향해 걷기 시작했다. 여전하게.

Estonia 2016

여행이 청춘의 일 같은 거라 생각하지 않았다. 그저 지금 나의 시간이 낯선 곳을 헤매고 있을 뿐. 청춘은 언제나 마음의 일이다. 내가 지나온 여행은 늘 직진이었다. 신호등이 손짓하면 건넌다. 초록불이, 저 건너편이 나를 불렀다 믿는다. 어디로 가는지 몰라서 좋은 일이다. 그는 나를 불렀고, 나는 알던 과거를 찾으러 떠나지 않았으니.

길 위에서 나를 잃을 수는 있어도 걸어가는 이 길이 없어지지 않는다는 사실을 알고 있어 겁내지 않았다. 길은 항상 그 자리에 있으니 길이 막히고 무서워지면 뒤돌아 다시 걸어오면 될 일이다.

걸을 땐 다음 길을 기대하지 않는다. 지금 서있는 길에 온전한 시간을 내어준다. 눈을 감고도 우리 집 앞을 그리듯이 그 골목을 잊지 않기 위해 내가 공간을 기억하는 방식이 그랬다. 그곳에 나를 남겨두고 오는 일이 추억을 모두 데려오는 것보다 가벼워 쉬웠고, 내 기억이 여전히 거닐 곳을 만드는 방식이었다.

어쩌다 마주치는 그가 나의 길이길 바라면서 그렇게 걸었다. 만나는 모든 순간순간에 나는 방향을 바꾸고 길을 품는다. 나의 걸음이 온전히 나의 것이기를 바라며.

여행의 끝이 일상이기를 바라지 않는다. 다만 여행이 일상 그 자체이길 바랐다. 여행의 끝에 다가가는 발걸음마다 이번 걸음이 끝나도 여전하게 걷겠다고, 쓴다.

해지는 일

기억이든 종이든 무엇이든 해지는 일은 매일 노을이 지는 만큼이나 자연스러워서, 다 해지고 나서야 시간이 벌써 이렇게 되었나 싶었다. 언젠가는 마음이 다하여 그만하고 말았다. 마음을 다하여서 당신과 헤어지고 마는 일이 야속하지 않았던 적도, 온 마음 다하여 내가 저절로 사라지도록 두고 나면 그런 당신이 오히려 좋은 때도 있었다.

희미한 글자, 누렇게 변색된 사진, 누군가 뜯어간 중요한 쪽의 잊히어진 의미와 칠칠맞은 네가 흘린 커피 자욱이 더욱 내 것처럼 느껴져 좋은 때가 있었다. 헤지고 나면 현재의 나보다 선명한 오랜 시간과 다가오는 신생의 마음보다 중요한 기억이 있어서, 해지고 헤어져 더 선명하고 아름다운 세상이었다.

감정이 버틸 수 없을 때까지 치닫도록 두어야 견딜 수 있는 날이 있었다. 시간에 깎여나가 무뎌진 이름이거나 햇빛이 말려버린 감각이 그랬다. 바싹 말라 공기 중에 흩어지는 먼지 같은 날이었다. 그렇게 부유하는 존재가 되어 공기인지 너인지 구분할 수 없게 하는 순간이 있었다. 그제야 네가 뚜렷하게 보였다.

갈망하던 마음은 고요하다가도 다시금 하얀 이를 내세운 파도처럼 끝도 없이 부딪혀왔다. 그럴 때면 마음의 존재를 이해할 수 없었다. 몸 밖 어딘가에서 몰아쳐오는 감정이 있어서 가늠할 수 없는 힘으로 움직이는 걸까. 감정은 소모되고 끝없이 채워졌다.

너는 빛바랜 천 조각 되어, 푸석하게 부서질 듯 가루 날리는 기억으로 소중하게 남아버렸다. 분했다. 향기로운 커피 냄새, 애틋한 손자국, 누군가의 기억에 남은, 어딘가에 남겨져 잊힌 메모, 온갖 아름다움을 다 받아들이고 시간이 흐를수록 중요해졌다. 분명 볼품없이 낡아버린 네 기억이 무엇보다 좋아져버렸다.

알아서 잊히어지도록 천천히 사라지도록 두었던 티끌 같던 마음을 꺼내어 그래도 안고 간다. 스스로 놓을 수 있을 때까지. 지나가버린 시간과 아직도 품은 기대가 뭉툭해진 모서리처럼 무던해질 때까지.

Jeju 2016

청춘이 시킨 일

밤의 입국 심사에서 김경미 시인은 청춘을 믿는 마음이, 곧 청춘이 하는 일이라고 말한다.

나는 청춘이 시키는 일이라던 시를 따라 이건 청춘이라고 되뇌며 발걸음을 뗀다.

졸업식 날 가방을 쌌다. 여행을 떠나는 나를 누구도 기다려주지 않겠지만 나를 평생 청춘으로 살게 할 "늦었다고 생각한 때가 가장 이른 때"라는 오래된 말로 내가 가진 모든 무게를 내려놓는다.

청춘은 삶의 어떤 때로 정해진 시간은 아닐 것이다. 청춘을 되뇌지 않는 순간 나의 청춘은 모습을 감춘다. 하지만 청춘은 언제고 불러올 수 있는 어떤 제약도 없는 마음의 일이다. 나의 삶, 그 모든 순간에 청춘 아닌 것이 없다. 모든 그리움과 미래만큼이나 불확실하고 선명한 감정에 기대를 건다.

Spain, Barcelona 2016

"

그 자리에 늘 머물러 있는 사람도,
같은 실수를 반복하는 사람도 없다.
우리는 다만 늘 처음인 것뿐.

우리는 다만 늘 처음인 것뿐이다

언젠간 마르겠지

Portugal, Lisboa 2015

흐린 날 빨랫줄에 걸려 있던 젖은 것들을 보며 생각했다.

"젖은 날이어도 뭐, 언젠간 마르겠지"

그런 마음이었으면 좋겠다. 그런 마음을 먹는 것이 어렵지 않은 날들이었으면 좋겠다. 빨래가 빨리 마르지 않아도, 빨래를 망치더라도 괜찮은 나였으면.

흐린 날씨 덕에 빨래에서 쉰내가 나고, 결국 비가 와

빨래를 다시 해야 하더라도 고개를 끄덕이기 쉬운 날들이었으면 좋겠다.

손 쓸 수 없이 푹 젖은 날. 신발엔 홍수가 나고 얼굴에 달라붙은 머리칼에서 떨어지는 물이 시야를 가리는 날. 홀딱 젖었어도, 그래도 네가 괜찮으면 좋겠다. 너도 언젠간 바삭하게 마를 테니, 그저 어딘가에 젖은 너를 넣어놓고 기다렸으면 좋겠다. 너는 빨래가 아니니 아무렇지 않길 바라지는 않지만, 적어도 젖는 일을 두려워하지는 말아줬으면.

기억 조각

Estonia, Tallinn 2014

시간이 지나면서 그리움을 만들어내는 건 사진이나 기억보단 냄새나 소리 같은, 조금 더 감각적이고 실체가 없는 것들이었다. 그 당연한 감각들이 코끝을 간질이면서 사라지고 있었다. 나는 그걸 붙잡아둘 수가 없어 손만 휘휘 저어볼 뿐 결국 무기력하게 흘려보내고 말았다.

이미 향기 없는 기억이 여전히 가치 있는 건, 그들이 몸 어딘가에 배어 나로 남았기 때문이다. 나의 감정과 행동에 또 하나의 이유를 더해 앞으로의 내가 되어간다.

좋은 향기를 갖기 위해 후회하지 않아야 했다. 후회에서는 바삭하게 다 말려내지 못한, 아쉬움에 물비린내가 눅눅하게 났다. 후회는 이미 써버린 시간을 아까워하는 불안함이었다. 지난 시간을 온전히 받아들이지 못해 이도 저도 안 되어 오늘 하루가 서서히 녹슬고는 목 끝이 다 갈라진 것 같은 차가운 쇠 냄새를 풍긴다.

좋은 경험이었다 합리화하지 않아도 된다. 후회하지 않으려면 아낌없이 주어야만 했다. 아낌없이 쏟아 부어야만 했다. 이미 원하는 걸 알고 있을 때, 알 것만 같을 때 나는 망설였다. 다 내어줄 수가 없어서 그럴듯한 말들로 마음을 감췄다.

앞으로 나아가야 했던 것은 아니다. 한 자리에 머무는 것이 독이 되는 것도 아니었고, 과거를 곱씹던 시간이 낭비도 아니었다. 하지만 후회를 하는 지금의 나는 과거와 기억을 부정하는 부끄러움을 느꼈다.
스스로 믿지 못해 불행한 나는 슬픔 그 자체였다.

바람이 부는 이유

"여기에 풍차가 있었던 것 기억나나?"
"네, 기억납니다."
"풍차는 사라졌는데 바람은 여전히 부는군."
- 영화 <시네마 천국>

그렇게 그대로인 것들이 있다. 풍차가 바람인 줄 알아서 풍차가 사라지면 바람이 불어오지 않을 것만 같았다. 풍차가 서있던 언덕엔 여전히 바람이 불고 마음은 그대로다. 풍차가 돌기 전부터, 바람이 분다는 걸 알기 전부터, 바람은 늘 찾아오고 있었다.

이마를 적신 땀을 말리고 머리칼을 날릴 때에만 바람이 불고 있다고 생각했다. 낯선 곳을 헤매고 있어서, 그래서 그가 코끝의 땀방울을 흔드는 줄 알았는데, 사실 아주 오래 전부터 너무 당연해 와서 이렇게 문득 깨닫게 하는 바람인 걸 나는 한참이 지나서야 알았다.

길을 떠난 발걸음이 집으로 돌아가면 바람이 멈출 것만 같아 두려웠으나 여전히 이 마음에, 모든 순간의 당신에 청춘 아닌 것이 없다.

위로 받을 수 있다면
좋은 일이다

당신이 위로 받을 수 있다면 좋은 일이다. 나는 위로 받길 바라서 그렇게도 남을 위로해왔는지도 모르겠다. 당신이 위로를 정말 받을 수 있었는지 와는 별개로. 얼마나 멀리 있었는지 가늠하기도 힘든 곳에서 너에게 편지를 썼다. 그 모든 글이, 수많은 단어들이 단지 위로 받고 싶었던 말뿐이라고는 생각하지 않는다. 하지만 너에게 답을 듣고 싶었던 것만큼은 사실이다. 손으로 꾹꾹 써 담은 글에 마음이 있었다. 전하지 않고는 못 배기는 그런 이상한 마음을 눌러 담았다. 직접 쓰지 않으면 다르게 전해질 것 같아서. 가슴을 채우고 있던 우리의 문장을 담아 글을 썼다.

왜 위로가 되고 싶었는지는 잘 모르겠다. 위로 받고 싶었는지도, 너를 좋아하기 때문인지도. 예쁜 말이라곤 할 줄을 모르는 나의 진심이 되어주길 바랐는지, "이 정도면 정성이다"하는 자위적인 마음이었을지도 몰라. 진심이 쉽게 전해지길 바라는 바보 같은 순진함과 적당한 이기심. 사실은 나를 위해 너를 위로하고, 너를 위로하다 보니 마음이 가벼워졌다. 우리에겐 서로를 생각할 시간이 부족하니까, 작은 종이 위에 너와 나만을 써내려갔던 그 시간이 중요해서 중요할 뿐이다.

위로 받을 수 있다면 다행이다. 어떤 방식으로 당신이 위로 받고 있다면 좋겠다. 마치 종이 위에 너와 나만이 존재하는 순간들처럼, 독립된 공간 속에 오롯이 둘만 존재하고 있어 서로만을 생각하던 날처럼.

Finland, Lapland 2014

너를 위하여,
라는 이유로

타인의 삶에 어디까지 끼어들어도 되는지 마음 한구석이 자꾸만 걱정에 빠져있을 때, 너를 위한다는 이유만으로 나는 너에게 얼마나 무거운 존재가 될 수 있으며 그 깊이는 얼마나 어두울 수 있을까. 네가 올바른 길로 가길 바란다는 말을 방패삼아 어디까지 칼을 꽂아 넣을 수 있을까.

네 인생은 네가 가는 길이 정답이라는 말을 마지막에야 변명하듯 던져놓은 뒤에 나의 가시 같은 말들을 곱씹던 나는, 너의 삶에 어디까지 허락될 수 있을까.

슬픈 노래를 트네

자연의 어떤 이유로 장마가 시작되듯
손바닥을 적시는 그 바다 같은 소금물
우주의 한 조각 파편 같은 것들
중력에 쏟아지는 별 끝없이
하염없이 흐르는 빗방울 멈추려
눈을 감고 나보다 슬픈 노래를 트네
국지성 호우 느닷없는 소나기
우산 틈 빗물이 흘러 손을 적시고
푹 젖은 회색 구름 쥐어짜는 여름
가슴 쓸어내리는 홍수에 나의 청춘
소용도 없이 슬픈 노래를 틀고
가눌 수 없는 마음 따라 흐르게

너라는 해로움

나에게 가장 해로운 너였다. 너는 몰랐을 어려움이 었다. 나는 너를 너무도 사랑하여서 네가 하는 말은 하나도 이해할 수 없고, 다른 마음을 인정할 수 없었다. 그 모든 각오에도 불구하고 나는 별 수 없이 실망하고 외로웠다. 나를 파고들던 송곳은 나에게서 등을 돌릴지도 모를 너였다. 날카로운 불안은 기대받지 못한 마음이었다. 깊게 패인 자국은 머리도, 마음도 아닌 어딘가를 참을 수 없이 가렵게 했다. 나는 다리를 떨며 잠들지 못하는 밤을 세었다.

가끔 찾아오는 낯선 밤에 이불 속에서 웅크린 채 잠들기만을 기다렸다. 그 시간이 어려워 침대에 눕지 못한 날이 늘었다. 그 안은 부족한 산소와 가득한 의심, 이산화탄소와 점점 습해지는 공기. 뜨거운 숨에 차가운 손과 발을 비벼도 뼛속까지 드는 한기를 참을 수 없었다. 차가운 마음은 잡히지 않았다. 그럴 때마다 나라는 쓸데없음과 무의미를 되씹었다. 두려움은 내일이 찾아오지 못하게 했다. 내 존재가 내일을 맞는 게 싫어서, 자신 없어서. 상처 주는 이 없이도 아팠다. 혼자 더 멀리, 더 아프게 했다. 외롬의 쳇바퀴에서 한참동안 벗어나지 못했을 때, 쓸데없는 자존심이 그 자리에 박힌 듯 있었다.

애정하는 마음이 그만큼의 아픔이 되도록 나는 미련하게 굴었다. 못되고 서툴러서 사랑이 괴롬이 되도록 두었다. 그런 나는 아직도 네가 언제고 젊고 아름답기를 바란다. 어둠 속에서도 빛나는 존재로 나를 평생 기쁘고 우울하게끔.

마침 아플 때에

여행의 중간, 그 어디도 아닌 애매한 순간에 나는 앓았다. 무엇을 보는지도 모르게 몽롱했으니 아무것도 아닌 가운데 있었다고 해야겠다. 스무 시간을 꼬박 잤다. 아픈 동안 먹은 거라곤 비싸고 더럽게 짜기만 했던 파스타뿐이었고 여기저기서 풍겨오는 이탈리아 커피 향에 속이 메슥거렸다. 나는 가본 적도 없는 한인 민박이 그리워졌다. 약을 먹고 숙소 테라스로 나갔을 때, 그제야 아름답다던 도시 피렌체가 눈에 들어왔다. 아픈 몸으로는 사랑마저도 쉽게 할 수가 없구나. 눈앞에 그를 두고도 보지 못했으니.

한 가지, 내가 떼어놓고 오려던 것들이 몸에 사무치게 그리워져서 좋은 일이었다. 모든 관계와 책임을 끊어낸 곳에서 나는 자유롭길 바랐고, 그 치기가 잔잔한 바람에 깎여나가는 동안에도 무감각했던 나는 비로소 놓고 온 것들을 생각했다. 혼자임을 잘 안다 생각했는데 실은 한 번도 혼자였던 적이 없어서 그렇게 잘난 척을 했다. 통증에 정신은 또렷해졌고 몸은 멈춰 섰다. 나는 햇빛 쏟아지는 테라스에 가만히 앉아 처음으로 멍하니 있었다.

시간은 아름다웠다. 내가 그 속에 있을 때 더욱. 시간을 잡으려 안간힘을 쓸 때 그들은 아깝기만 했다. 나는 아파서 다행이었다.

손에 넣으려 그렇게 애를 썼는데 이제는 손 쓸 도리 없이 날 지나쳐가는 무형의 바람이 다행이었다. 그대로 스쳐 지나가 줘 고마웠다. 나는 언제고 다시 아등바등하기 시작하겠지만 그 순간만큼은 멈춰설 수 있었다.

한참을 앉아 그렇게 불행과 행복을 가늠하던 나는 작년 그가 세상을 떠날 때의 마음이 떠올라 많이 울었다. 아름다운 그의 삶을 내가 온몸으로 껴안아 그에게 여기 남은 것들을 다 보여주겠다고 약속했는데 여전히 나 하나만으로도 삶이 벅차 나는 점점 무뎌져 왔다. 나는 아파서 다행이었다. 테라스에 쏟아지는 햇살처럼 그가 내려서 있었다.

Italia, Firenze 2015

우리는 다만 늘
처음인 것뿐이다

야트막한 동네 산에 처음 갔던 날, 내려올 때 길을 잃었었다. 별 탈 없이 다른 방향으로 빠져나왔지만, 이해가 가지 않았다. 오를 때에 분명히 한 길이었고, 내려올 때도 한 갈래였다고 생각했다. 어디에서 길을 잘못 든 걸까. 다음에 산을 오를 때에 가끔 뒤를 돌아보았다. 어디에서 올라갈 때와 다른 길로 들어선 건지는 정확히 알 수 없었지만, 어째서 다른 방향으로 틀었는지 알 수 있었다.

Czech, Praha 2015

길을 잃은 건 아니었다. 앞만 보고 올라가던 길이 초행이었듯, 정상 도착할 때까지 돌아본 적 없었으니 내려오는 길도 초행이었던 것뿐.

두 번의 기회가 주어지지 않는 것처럼, 지나간 순간이 돌아오지 않는 것처럼. 그 자리에 늘 머물러 있는 사람도, 같은 실수를 반복하는 사람도 없다. 우리는 다만 늘 처음인 것뿐.

"

 아름다운 것들은 좀처럼 그 자리를 지키는 법이 없다. 보고 있다고 보이는 것은 아니다. 의식하지 않으면 곁을 스쳐도 그 향기를 맡지 못한다.

봄이 곁에 있을 때

운명이 있다면

Italia, Modica 2016

운명이 있다면 이런 방식이 아닐까 생각했다. 사진이 한 장 있었다. 이탈리아 남쪽 끝에 걸린 섬 시칠리아. 그곳에서도 남쪽 끝에 걸린 도시 모디카. 시칠리아의 카타니아에서 만났던 숙소 호스트도 가본 적이 없다던. 밀라노에서 평생을 산 친구가 거기가 어디냐 되묻던.

숙소도 계획도 없이 로마에서 작은 비행기에 올랐다. 기류를 타고 맥없이 흔들리던 소형 비행기는 비와 함께 나를 섬에 내려놓았다. 이스탄불부터 지독하게 따라다니던 먹구름은 그렇게 맑다는 시칠리아까지 쫓아왔다. 호스텔 직원은 하루 전만 해도 정말 맑았다고 고개를 갸웃거렸지만 바다와 하늘은 흐릴수록 아름다워지는 것만 같았다.

시칠리아의 구름 같이 가벼운 시간 속에서 나는 흘러지는 대로 살았다. 매일같이 휴일이었던 나에게 요일 간의 차이는 느껴지지 않았고 날짜 개념도 희미했다. 모디카에 가기 위해 시라쿠사에 도착한 뒤에야 그날이 토요일이었다는 사실도, 시칠리아에선 일요일에 버스나 기차 따위를 이용할 생각은 아무도 하지 않는다는 상식도 그제야 알았다.

시라쿠사에 하루 더 머물러야만 한다는 사실을 깨달았을 때 낭패라고 생각하면서도 미소를 지었다. 도시가 초조한 마음을 허락하지 않았다. 계획이 틀어진 덕분에 마음 가는 대로 걸으니 닿는 햇살마저 운명 같았다. 나는 시라쿠사 하늘 위를 유유히 흘러가던 구름의 기억을 가졌다. 부는 바람에 의문이 없어 흐르는 동안 비로소 평화로웠다.

시칠리아로부터 일 년 전의 배낭여행에서는 계획 없이 모르는 땅을 밟고 다니는 일이 두려웠다. 한치의 오차 없이 만든 계획표를 따라 움직이며 실수조차 없이 완벽했던 그 길에서는 아무 일도 일어나지 않았다. 잘 짜여있던 그때의 나는 겁이 나서 완벽한 여행을 만들어냈다. 오히려 모든 미래가 불확실한 상태가 되어버린 지금에서야 나에게 아무것도 걸치지 않은 존재의 윤곽이 선명하게 드러나 보였다. 나는 그를 온몸으로 껴안았고 그는 가득히 안겨왔다. 나는 거칠 것 없었고 목적도 없이 도시를 헤매는 일을 운명처럼 행복해했다. 분명하고도 두루뭉술한 감정 외에는 아무 이유 없는 걸음 덕분에.

시라쿠사의 셋째 날, 겨우 이량뿐이던 열차에 짐을 실었다. 통학하던 동네 아이들이 바글거려 동물원 원숭이 꼴을 면할 수 없었지만 그 안에서 한 장의 사진이 가져다 준 만남과 행운을 다시금 셀뿐이었다.

모디카는 산을 타고 앉은 조용한 동네였다. 밀라노의 가이아에게 전화를 걸어 나 모디카라고 했더니 거기가 어디냐 한다. 이탈리아 남쪽의 남쪽 어딘가에 자리잡은, 너는 평생 올 리 없을 그런 동네 일지도 몰라, 내가 이름도 모를 제주도 구석의 어딘가를 평생 가볼 일 없는 이유로.

작은 아파트를 하나 빌렸다. 그렇게도 들여다봤던 사진 속 풍경이 담긴 창이 나있는 집. 그 장면을 위해 오르막을 오르고 올라야만 도착하는, 경사 위에 앉은 집을. 주인은 영어를 할 줄 몰랐지만 우리는 첫눈에 서로를 좋아했다.

Italy, Modica 2016

둘 다 휴대폰 번역기를 켜고서 좋은 말들을 찾았다. '집이 아름다워요.' 같은.

시칠리아에선 워낙 영어가 쓸모없었지만 모디카까지 흘러오니 집주인과도, 음식점에서도 말 한마디 통하지 않아서 나는 그저 더하고 뺄 것 없는 단순한 하루를 받아들이며 지냈다. 말이 없으니 아무것도 복잡하지가 않아서 좋은 날들이었다.

참 좋다

나에게 '참'이라는 말은 '정말, 진짜, 매우, 아주'보다 귀하고 예쁜 단어다. 별 걸 다 차별한다 싶지만 강조하는 말에 어쩜 저렇게 귀엽고 따뜻한 말이 다 있을까. 참, 참한 말이다.

좋아한다는 말은 사랑한다는 말보다 강하다. 사랑은 변덕스러워서 어렵다. 뜨겁게 타오르는 불같은 열렬한 '사랑'은 불쑥불쑥 찾아온다. 사랑은 허리케인이라고 했던가, 전쟁 같은 사랑이라고 하던가. '좋음'은 천천히 온다. 시나브로 마음 한구석에 조용히 자리 잡는 것이 좋아하는 마음인 것 같았다. 좋아한다고 말할 때에만 불쑥 피어오르는 쑥스러움과 설렘은 나를 순수하게 한다. 낭만 가득한 공기를, 분위기를 타고 천천히 다가온다.

갑작스럽지 않아서,
그래서 참 좋다.

Spain, Sevilla 2015

두근거리는 이유

그러니까 그가 가장 소중하다는 말은 너무 중요하고 표현하기 망설여져, 그렇다 단정 짓기는 어렵다. 하지만 그는 충분히, 너무나도 소중해서 가장 중요했으면 싶은 하나다.

표현하지 않으면 이 감정이 사라질 것만 같아, 당신이 영영 모를 것 같아 뜬금없이 말해버렸다. 그리곤 내 고백이 빈말처럼 들릴까 걱정하곤 한다. 가끔은 이 감정이 표현할수록 닳아 헤져버릴까 아껴놓는다. 그래서 그가 이 침묵을 오해할까 걱정하곤 한다.

내가 나의 사랑에 전전긍긍하는 이유는 네가 혹시 이 당연한 마음을 느끼지 못할까봐. 너의 마음은 그 어떤 것도 확신할 수 없어서, 너를 믿는 것과는 별개로 만약 내가 다 알 수 있게 된다면 더 마음껏 사랑할 수 있을 것만 같은 착각에.

다만 우리의 결핍과 부족함이 사랑을 확신하게 한다. 사랑은 변덕스럽고 뜨거워서는, 당연해지고 익숙해지는 순간 확신할 수 없이 무뎌져버리니까. 나는 이렇게 중심도 잡지 못하고 두근거린다.

둘

Italia, Rome 2015

무뎌질 법도 한데, 나는 반드시 카메라 셔터를 눌렀다. 단지 아름다웠는지 부러웠던 건지 아직도 잘은 모르겠지만, 모르니까 아직도 눈 속에 담고 있지 싶다. 마치 세상에 둘밖에 없는 것처럼 두 손 꼭 맞잡고 걷는 모습만큼 마음에 드는 장면은 아직 만나지 못해 마냥 따라 걸었다.

Spain, Barcelona 2015

내 인생이 나만의 것이라고 생각했다. 마치 무소불위의 어떤 힘처럼 내키는 대로 휘둘러도 되는, 내 것인 게 분명했는데. 어느 순간부터 네가 내게 소중하므로 너의 인생은 내 것이었다. 그 삶이 온전히 네 것이길 바랐을 너에겐 미안하게도 어느 하나 네가 온전히 가질 수 없는 인생이었다. 그렇게 이기적인 마음의 사이에 이미 네가 내 인생 한 가운데 서있었다. 사람 마음이 참 바보 같은 게, 내 인생 또한 온전한 나의 것이 아니었다.

나는 너를 사랑하기에 내 마음대로 살지 않겠다.
네가 나를 사랑하여서 너를 함부로 다루지 않길.

, 내가 너를 사랑하는 법
너의 아름다움에 닿기 위해

운동화를 샀다. 내내 불편한 신발을 신고도 괜찮아 왔다고 생각했는데, 아니었는지 이내 몸이 가벼워졌다. 오늘은 달려야겠다고 생각했다. 어젯밤 낯선 도시를 배회하는 나를 지나쳐 달리던, 이 도시가 익숙한 수많은 사람들처럼. 내가 모르는 곳으로 달려가 어딘가에 닿고 싶었다. 그러면 안정을 얻을 수 있을 것 같아서.

모르는 도시를 달렸다. 어둠 속 처음 닿는 거리를 지나 더 멀리. 처음 보는 건물을 지나서 한참을 달리니 내가 서있는 이 도시가 처음부터 나의 도시 같았다. 모르는 그 어딘가는 사실 너에게 가는 길이었고, 생소한 공간을 달려 우리의 거리를 좁히고 있었다. 얼굴에 차갑게 부딪히던 바람과 가끔씩 걸음을 멈춰 내쉬던 숨으로, 시간과 공간이 기억에 남았다.

도시도 사람도 각자 참 많이 다르다. 가까워지는 방법도 어느 하나 유일하지가 않다. 끝까지 알지 못하고 지나쳐온 모습이 얼마나 많은지 새삼스러운 밤이다. 나에게 무명으로 남은 그들을 사랑할 수 없었던 이유는 끝내 찾지 못한 아름다움이었다. 어떻게 보아야 아름다운지 알지 못해서 그랬다. 달려서야 겨우 찾았던 도시의 모습처럼.

오래 보아야 아름답다고 했던가 자세히 보아야 아름답다고 했던가. 풀꽃처럼 오래 보면, 자세히 보면 아름다울까 싶었다. 오래 보는 것도, 자세히 보는 것도 그와 가까워지는 수많은 방법 중 하나였을 뿐이다. 다행히도 나는 너를 찾아가는 또 하나의 길을 만났다. 분명 나는 꾸준하게도 그들을 놓치며 한편으론 여전히, 너를 찾으러 가고 있다.

거리의 문제

언젠가는 그와 나 사이의 거리가 우리에게 틈을 가져
왔다 생각했다.
닿을 수 없으니 멀어진다 생각했다.

지금 나는 이 간격이 그를 특별하게 한다 믿는다.
이 거리가 그리움을 불러온다고 믿는다.

바람에 흔들리는 마음의 일인지도 모른다.
거리 탓을 하고 있는지도 모른다.

봄이 곁에 있을 때

Spain, Barcelona, Montjuic 2016

빠른 것은 봄이다. 마치 우리 집 고양이의 어린 시절 같은, 잠시 한 눈을 팔면 어느새 한 뼘 더 자라 있는 봄은 다채롭다. 하루를 놓치면 그는 금세 달아나 있다. 그 아름다움을 담으려면 매일같이 내다보아야 한다. 습관보다 더 지독하게 알아서 쉬어지던 숨을 굳이 한 번 더 크게 들이쉬어야 한다. 봄의 한가운데서, 사계절의 봄은 그렇게 가장 빠르다.

지켜보고 있지 않으면 놓치게 되는 것들이 있다. 자리를 지키고 기다리지 않으면 어느새 나를 지나쳐버린다. 신경 쓰지 않으면, 감탄하지 않으면 내게는 아무 의미가 없게 되어 나도 모르게 그렇게 지나가 버린다. 슬픈 일이다. 아름다움을 보지 못한채 흘려 보내는 일은.

두고두고 아쉬운 일이 있다. 우리집 고양이가 네 달 쯤 되었을 때 십일 정도 보지 못했다. 집에 돌아오니 고양이는 전보다 더 높이 뛰었다. 갓난아이의 뒤집기 순간을 놓치는 일이 영영 그런 기분과 비슷할까. 고양이는 조금 더 자라있었고, 조금 더 난폭해져 있었으며, 확실히 더 사랑스러워져 있었다. 작은 크기의 조금들을 놓쳐간다.

봄이 지나가고 있었다. 모든 순간, 봄의 꽃잎은 떨어지고 여름이 오고 있는지 나무는 조금 더 푸르러졌다. 공기의 감촉은 어제와 다르고 나는 점점 가벼워지고, 잠시 자리를 비웠더니 사흘 만에 벚꽃 잎이 다 떨어져 있었다.

아름다운 것들은 좀처럼 그 자리를 지키는 법이 없다. 보고 있다고 보이는 것은 아니다. 의식하지 않으면 곁을 스쳐도 그 향기를 맡지 못한다. 봄을 살자. 봄이 곁에 있을 때.

나가며,

아무도 나를 모르는 곳에서 첫 글을 썼습니다. 당장 마주할 얼굴이 없으니 부끄럽다는 생각도 희미해져서 밖으로 '발행' 버튼 같은 것도 누를 수 있었습니다. 학교 다닐 때 동기들과 비평문이나 몇 편 써보던 스무 살을 지나, 밖으로 보내는 첫 글을 담은 책이자, 계속 글을 쓰게 해준 책입니다. 내 글을 책으로 만들 수 있다니, 에서 누군가 정말 읽어주다니, 그리고 누군가에게 의미가 있는 책이 되다니. 인생에서 내린 큰 결심들 앞에 해낸 작은 결심입니다.
<모든 순간의 너에게>를 오랫동안, 호호 할머니가 되어서도 직접 팔겠다는 소박한 마음을 품고 삽니다. 내가 스물다섯에 쓴 책이라고 하면서요.

그때의 너무나도 진심이었던 나를 꾹 눌러 담았다고 인생의 여러 지점에서 만나는 사람들에게 그런 용기와 결심을 건네주고 싶습니다. 스물여섯 즘엔 이 책이 참 부끄러웠는데, 지금은 참 좋아합니다. 그 시절을 지나온 내가 그 당시의 나를 평가할 수는 없고, 그때에만 할 수 있는 얘기가 있다는 것도 점점 깨달아가기 때문입니다. 세월이 지나 그 시절과 공간을 지나올 누군가에게, 향수를 느끼는 사람에게 언제나 위안이 되는 이야기이길 바라며.

2022년 성북에서,
재은 드림

모든 순간의 너에게

ⓒ 송재은 2016

초판 인쇄 2016년 11월 26일
5판 인쇄 2025년 1월 31일

글, 그림 송재은
디자인 송재은

펴낸곳 **임시보관소**
이메일 project_imsi@gmail.com
ISBN 979-11-986424-0-0

* 이 책의 내용의 전부 또는 일부를 재사용하려면
펴낸곳을 통해 저작자의 동의를 받아야 합니다.